NON VOGLIO ANDARE a SCUOLA!

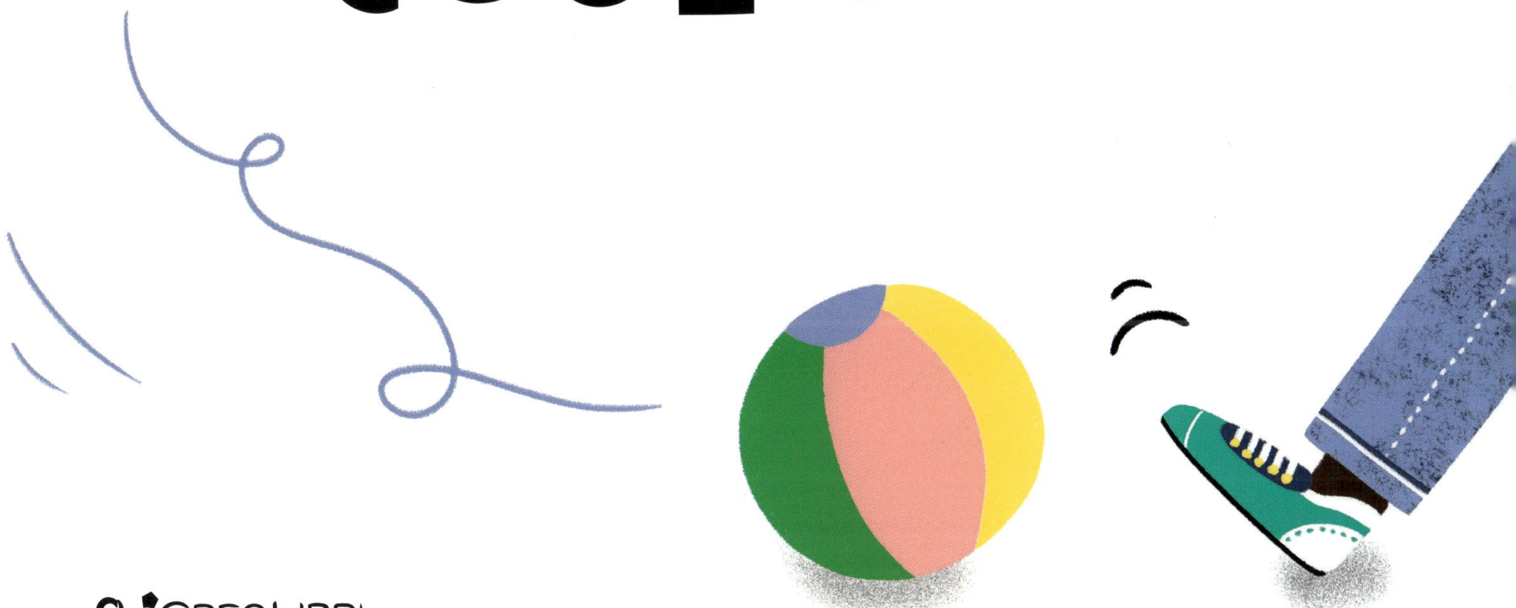

CREALIBRI

«**NO,** non ci vado a scuola!»
«Perché no?»
«Perché tu non sarai con me!»

«Sì, ma troverai tanti amichetti con cui giocare, divertirti e imparare!
E poi, guarda, ti disegno un cuoricino sulla mano, così è un po' come se fossi sempre con te.»

C
A
B

«**NO,** non ci vado a scuola!»
«Perché no?»
«Perché ho ancora sonno!»

«Sì, ma vedrai, ci sono dei bei lettini per fare la nanna con il tuo orsetto!
E credo che ti leggeranno una bellissima storia.»

«**NO,** non ci vado a scuola!»
«Perché no?»
«Perché sono piccolino!»

«Sì, ma infatti ogni cosa è fatta su misura per te.
Vedi le seggioline, i tavolini e persino i bagnetti piccoli con i lavandini bassi?
E poi con tutto quello che imparerai, vedrai come diventerai grande.»

«**NO,** non ci vado a scuola!»
«Perché no?»
«Perché ci sono un sacco di bambin˙
che piangono e c'è troppo rumore!»

SNIF!!
ZUT!
HAAAAAA!!!
CHUT!!!

«Sì, ma guarda, la maestra è così dolce che li prende in braccio e li consola!
E poi ti divertirai a fare rumore con i bellissimi strumenti musicali che ci sono.»

«NO, non ci vado a scuola!»
«Perché no?»
«Perché non voglio mangiare alla mensa!»

«Sì, ma è come a casa: assaggi un po' di tutto.
E so che spesso ci sono dei dolci squisiti!»

«**NO,** non ci vado a scuola!»
«Perché no?»
«Perché ci sono bambini che corrono ovunque
e si scatenano in cortile...»

«Sì, ma ci sono anche giochi adatti ai piccoli…
Altalene, un recinto con la sabbia e una casetta per divertirti e scatenarti anche tu!»

«**NO,** non ci vado a scuola!»
«Perché no?»
«Perché ho paura che non mi vieni a riprendere!»

«Sì, ma guarda, sono già qui, è ora di tornare a casa!»

«**NO,** non ci vado a casa!»

QUALCHE DOMANDA PER RIFLETTERE

Chi ti porta alla scuola materna al mattino? E chi ti viene a riprendere a fine giornata?

Sei contento/a di andare a scuola o non ti piace per niente?

Cosa ti piace della scuola?
E cos'è che ti piace di meno?

Come si chiamano i tuoi compagni preferiti?

Come si chiama il tuo maestro o la tua maestra?
Cosa ti piace di lui/lei?
Cosa ti piace di meno di lui/lei?

Com'è la tua classe? Ti trovi bene?

Se la scuola non esistesse, cosa succederebbe secondo te?

Allora, che dici?
"No, non ci vado a scuola!"
oppure "Sì, viva la scuola!"